C. C. CALDERON

LE
LOGICISME

:: :: ORIGINE :: ::

:: DOCTRINE ::

ORGANISATION

1915

F. CHANTENAY

IMPRIMEUR

15 — Rue de l'Abbé-Grégoire — 15

PARIS

—

Prix : 1 franc

LE LOGICISME

C. C. CALDERON

LE LOGICISME

:: :: ORIGINE :: ::

:: DOCTRINE ::

ORGANISATION

1915

F. CHANTENAY
IMPRIMEUR
15 — Rue de l'Abbé-Grégoire — 15
PARIS

—

Prix : 1 franc

Avant-Propos

Au cours de 1907, j'ai publié une plaquette, intitulée « Logique et Religion », dont la conclusion était la suivante :

La religion de l'avenir semble devoir être LE LOGICISME.

Depuis, j'ai écrit le présent petit ouvrage visant à définir le Logicisme. Mais, en raison de certaines constatations, je me suis abstenu de le publier plus tôt.

Pendant ces dernières années, les agissements des potentats Prussiens, préparant systématiquement la démoralisation universelle, dans le vain espoir de faire triompher plus facilement leur plan utopique de domination, avaient effectivement produit dans le monde un état de confusion indescriptible.

Dès lors, pour exposer utilement une

formule nouvelle, pouvant faire entrevoir à l'Humanité des jours meilleurs, il fallait attendre la fin de cette grande crise appelée à se dénouer fatalement par une catastrophe ; Guerre ou Révolution.

C'est finalement sous la forme d'une effroyable guerre que l'événement redouté a surgi.

Les Allemands, transformés méthodiquement en ilotes, se sont rués subitement à la conquête du Globe et tous les hommes conscients de leurs droits se sont dressés devant eux pour les empêcher de mettre à exécution la conception criminelle de leurs maîtres.

Or, ce terrible choc a déjà modifié sensiblement l'état confus existant précédemment. En présence des hécatombes, des deuils, des ruines et des misères navrantes que la guerre cause, une réaction s'est produite. Les peuples ont compris la genèse du drame sanglant et pensé qu'une meilleure éducation sociale aurait pu éviter à l'Humanité une aussi douloureuse épreuve.

Le moment de procéder à la diffusion d'une doctrine logique, permettant à tous de discerner l'Erreur, l'Iniquité et la Laideur de la Vérité, de l'Équité et de la Beauté, est donc venu.

Il ne faut pas qu'au lendemain de la tragique tourmente que nous subissons, les masses se remettent en marche à l'aveuglette ; au risque de revenir en arrière ou de tomber dans les ornières creusées par les canons.

En prévision d'autres calamités possibles — telle la Révolution — il faut, dès maintenant, songer à organiser la rééducation des foules.

Aussi, ai-je cru ne pas devoir retarder plus longtemps l'apparition de ce petit ouvrage.

C. C. CALDERON.

1915.

Le Logicisme

ORIGINE

LE LOGICISME est une religion positive, dont les adeptes — pratiquant le Culte de la Logique — se proposent de répandre des enseignements logiques susceptibles de parfaire les Sociétés et de guider l'Humanité vers une ère de Vérité, d'Équité et de Beauté.

Trois causes essentielles ont provoqué l'éclosion du Logicisme :

1. *La déchéance, encore incomplète mais certaine, des vieilles religions proclamant l'immortalité de l'âme et l'existence d'un Être Suprême, Créateur et Conservateur de l'Univers, dénommé Dieu ; Être prétendu infiniment juste et bon, laissant à chacun la faculté de penser et d'agir à sa guise, sur la Terre, mais se réservant de punir ses ennemis et de récompenser ses défenseurs dans une vie future, éternelle.*

2. La tendance manifeste des générations nouvelles à se désintéresser des choses de l'au-delà pour ne songer qu'aux moyens de vivre le mieux possible ici-bas.

3. La nécessité de remplacer le mysticisme — qui sombre — par une conception religieuse conforme aux convictions et aspirations des temps présents.

Effectivement, le développement des Sciences, l'infiltration de leurs enseignements dans les masses profondes des sociétés, et le perfectionnement intellectuel, qui en est résulté, ont graduellement émancipé la pensée humaine des croyances qui l'obscurcissaient.

Peu à peu, il est apparu à la plupart des hommes policés que les affirmations concernant l'origine divine des plus grandes religions qui aient jamais existé — le Judaïsme, le Christianisme et l'Islamisme — étaient de véritables fables entachées de la plus grossière invraisemblance.

En étudiant le mécanisme de la Nature, où les éléments lui sont généralement défavorables, en considérant la souffrance physique et morale qui atteint croyants et incrédules, sans distinction, en constatant le phénomène de la mort et ses conséquences, l'homme, devenu ca-

pable de raisonner, de se livrer à des expérien-
ces mathématiques, ou chimiques, et à des dé-
ductions logiques, s'est convaincu que les ex-
plications fournies par les vieilles religions relativement à l'immortalité de l'âme, à l'œuvre,
à la justice et à la bonté de Dieu, étaient —
pour ne pas dire plus — un tissu d'allégations
manifestement fantaisistes.

Certes, tout ce qui existe a une cause ini-
tiale — dont l'Univers est l'effet ou un des
effets — mais, cette cause est jusqu'à présent
totalement indéchiffrable pour l'homme. C'est
l'inconnu du problème posé par l'existence des
mondes, problème dont la solution est toujours
à chercher. Et ceux qui prétendent que cette
cause est un Etre Suprême infiniment bon,
digne de la plus profonde gratitude, agissent
avec un inconscience déconcertante, car l'homme intelligent ne peut logiquement considérer
cet Etre, qui aurait créé intentionnellement
l'humanité — telle qu'elle est — autrement que
comme un affreux tortionnaire; l'être humain
quel qu'il soit — né pour disparaître ensuite —
étant, sans interruption, depuis sa naissance
jusqu'à sa mort, victime de maux, de difficultés
et de contrariétés créées par ce même Etre que
les dogmes anciens proclament infiniment juste
et bon; ce qui est tout à fait inconséquent.

Ces considérations et bien d'autres, découl-
lant des théories fondamentales des anciennes

doctrines, ont conduit l'homme à ne plus admettre ce qu'il ne peut constater.

L'être humain capable de raisonner avec indépendance, ne veut donc plus croire aveuglément co qu'il ne peut vérifier scientifiquement. Il ne veut plus être opprimé par des entraves inutiles. Exaspéré par les iniquités de l'organisation sociale actuelle, énervé par l'hypocrisie des morales désuètes, il estime enfin avoir droit à quelque chose de plus tangible que des promesses concernant une vie future — dont rien ne démontre la possibilité — et recherche énergiquement les moyens d'améliorer son sort par des formules franchement matérialistes, libérées de toute contrainte absurde.

C'est même en vertu de ces aspirations légitimes des peuples, que la Franc-Maçonnerie — association étrange s'occupant confusément de philosophie, de religion, de sociologie, de politique et de spéculations multiples, souvent malpropres — a manifesté, depuis plus d'un siècle, une grande activité tendant à s'attribuer la mission de créer une religion nouvelle.

Malheureusement pour elle, la Franc-Maçonnerie ne s'en est pas tenue à ce programme.

Sous l'influence des princes Allemands parvenus à s'emparer de sa haute direction, la Franc-Maçonnerie s'est mise à organiser, dans le Monde entier, par de savantes menées, tissés d'équivoques, de mensonges, de perfidies

et même de crimes, un état de désordre moral
susceptible de plonger insensiblement l'Humanité dans une sorte d'abêtissement général
pouvant permettre un jour de la réduire en
esclavage et de l'exploiter sans merci.

A l'appui de ces affirmations, il suffit de
constater qu'après bien des détours, après avoir
feint de favoriser l'institution de cultes nou-
veaux — tels : ceux du « Grand Architecte de
l'Univers » et du « Grand Etre » — la Franc-
Maçonnerie en est venue à combattre ouverte-
ment toute idée religieuse, quelle qu'elle soit;
théiste ou autre.

Or, malgré son vif désir d'émancipation,
l'humanité envisage la disparition fatale des
vieilles religions avec une certaine émotion,
car elle se rend bien compte qu'une religion lui
est indispensable.

Si, en effet, les vieilles religions, leurs dogmes et leurs préceptes ne sont plus admissibles,
il serait risqué d'en conclure que toute conception religieuse est à dédaigner ; bien au con-
traire, il apparaît certain qu'une religion est
absolument nécessaire au bon fonctionnement
des sociétés, à la seule condition qu'elle soit
conforme aux aspirations de l'époque où elle
se manifeste.

La Franc-Maçonnerie (dernière manière) aura
beau proclamer que les religions sont super-

flues et que les lois suffisent à guider l'espèce humaine, ses arguments demeureront vains, car la généralité des hommes estimera toujours, avec raison, qu'un lien moral doit exister entre eux, pour leur donner l'unité de vues indispensable à l'action commune pouvant leur permettre de satisfaire leurs légitimes prétentions.

En vérité, les lois ne sauraient être que des règlements administratifs.

Conformément à ce qui a été indiqué ci-dessus, au sujet de l'action dissolvante de la Franc-Maçonnerie, il apparaît nettement que le manque de toute doctrine religieuse susceptible de régler la conscience des peuples, jetterait vraisemblablement l'humanité dans une confusion, une incohérence et une anarchie telles que la désagrégation des sociétés actuelles ne tarderait pas à se produire rapidement, et ceci d'autant plus facilement que ces sociétés affublées du titre pompeux de « Monde Civilisé », sont en réalité, encore aujourd'hui, dans un état demi-sauvage.

Il ne faut pas perdre de vue que seule une religion dogmatique, éducatrice et liturgique peut unir étroitement les êtres humains, régler convenablement leur conscience, élever leurs sentiments et leur donner par la diffusion de sages préceptes la notion exacte de leurs droits et de leurs devoirs sociaux ainsi que l'unité de vues indispensable à leur assurer la félicité.

Les législateurs auront beau s'ingénier à parfaire leurs travaux, ils ne pourront jamais produire qu'une œuvre décousue, insuffisante à donner pleine et entière satisfaction aux sociétés, s'ils ne s'inspirent pas eux-mêmes, préalablement, d'une doctrine d'ensemble résumant les aspirations de leur temps et leur indiquant la voie à suivre pour coordonner leurs efforts.

C'est donc bien à la religion — et à elle seule — qu'incombe le soin de fixer les conclusions qui doivent régir les sociétés.

Des études visant à concilier l'incrédulité et le sens pratique de l'humanité actuelle avec son besoin persistant d'avoir des principes moraux devaient donc produire logiquement le Logicisme, ou religion logique.

DOCTRINE

La doctrine du Logicisme repose toute entière sur ces trois mots.

VÉRITÉ, ÉQUITÉ, BEAUTÉ

En ce qui concerne LA VÉRITÉ, le Logicisme soutient les conclusions logiques ci-dessous exposées :

VÉRITÉ

Existence des Mondes

L'Humanité ignore totalement la cause et l'objet de l'existence des Mondes.

Puissance créatrice des Mondes

Bien qu'il soit absolument impossible de la définir, une puissance génératrice et con-

ductrice des Mondes existe certainement.
Mais, il est non moins certain que les êtres
peuplant la Terre sont victimes de cette puissance et que, par suite ils ne lui doivent aucune gratitude..

Existence des Êtres

Les êtres qui habitent la Terre, naissent,
vivent et meurent tous, sans qu'ils puissent
s'expliquer l'origine et le but de ces phénomènes.

Au cours de leur existence tous les êtres
sont agités par deux instincts : la Conservation, la Reproduction.

L'Être Humain

Comme tous les êtres de l'espèce animale,
l'homme vit une seule fois et obéit aux instincts de Conservation et de Reproduction.

Besoins

En raison directe de l'instinct de Conservation, tout être humain est tributaire de qua-

tre besoins impérieux : la Soif; la Faim; le Sommeil; l'Hygiène.

Désirs

Sous la poussée de l'instinct de Reproduction, tout être humain est principalement tributaire d'un désir ardent : la Fornication.

Facultés

Malgré sa bestialité naturelle, l'être humain possède incontestablement des facultés supérieures à celles des autres animaux — notamment le Raisonnement ; la Volonté ; la Sensibilité — et peut parvenir à se perfectionner considérablement.

En vertu de la supériorité de ses facultés, deux sentiments directeurs se partagent la mentalité humaine : le Mal et le Bien.

Formes du Mal

Les formes caractéristiques du Mal sont : l'Egoïsme; la Fausseté; la Violence; la Cruauté.

Formes du Bien

Les formes caractéristiques du Bien sont :
la Générosité; la Sincérité; la Modération;
la Douceur.

Passions

Entre le Mal et le Bien, trois grandes passions subjuguent la généralité des êtres humains : La Luxure; le Jeu; la Gourmandise.

La Nature et l'Être Humain

Les éléments et les produits de la Nature
sont généralement hostiles à l'homme qui,
pour vivre, est obligé de les combattre, de
les détruire, de les capter, de les façonner
ou de les éviter.

Société

Afin de vaincre plus facilement l'hostilité
de la Nature, l'homme a constitué la Société.

Pour atteindre son but la Société a recours
aux sciences.

Grâce aux sciences, la Société peut fournir à chacun de ses Membres le moyen de
vivre paisiblement.

Jouissances

Les jouissances les plus élevées que l'être
humain puisse atteindre sont, uniquement,
celles que donnent, sur la Terre : l'Amour;
l'Art; la Littérature.

Ressources

Les moyens admissibles que l'être humain peut utiliser pour obtenir les satisfactions qu'il désire, sont : le Travail; l'Intelligence; le Charme.

L'élément conventionnel qui représente la
valeur de toutes les satisfactions humaines
est : l'Argent.

Religion

Un lien moral — ou religion — l'unissant
à ses semblables, dans une commune con-

ception de ce que doit être la Vie, est indispensable à l'homme.

C'est sous l'égide de la Logique que la religion nécessaire à l'homme doit être placée; la Logique étant la science des sciences, la science qui permet de raisonner juste, la science dont tout être humain doit s'inspirer avant d'agir et dont les sages conseils lui permettent de lutter victorieusement contre les éléments, le dérèglement des organismes et les écarts de la raison.

La Logique donnant à l'espèce humaine le pouvoir de se parfaire et d'atténuer sensiblement l'hostilité de la Nature, le Culte de la Logique est le seul que l'homme sensé puisse pratiquer.

En ce qui concerne L'ÉQUITÉ, le Logicisme soutient les conclusions logiques ci-dessous exposées :

ÉQUITÉ

Organisation Sociale

Les faits et gestes de l'être humain ne pouvant avoir sensément un but supérieur à

celui de vivre le mieux possible sur la
Terre, moralement et matériellement, l'organisation sociale doit concilier, autant que
possible, les exigences de la nature humaine
avec les intérêts de la Société.

Institutions

Les principales institutions sociales —
Morale; Droit; Législation; Gouvernement;
Armée; Justice; Police; Administration; As-
sistance; Enseignement; Mariage; Famille;
Propriété; Argent — doivent assurer le bien-
être, le progrès et la tranquillité à la Société.

Morale

La Morale doit se limiter à réprouver les
manifestations du mal — l'Egoïsme; la Fausseté; la Violence; la Cruauté — et approuver
les manifestations du Bien — la Générosité;
la Sincérité; la Modération; la Douceur.

Les grandes passions humaines — la Luxure, le Jeu, la Gourmandise — n'étant ni le

Mal, ni le Bien, ne doivent être ni encouragées ni persécutées.

Aucune conception de l'Amour, de l'Art et de la Littérature, si bizarre qu'elle puisse paraître, ne doit être répréhensible si elle n'engendre pas des actes de brutalité, des désordres ou des désagréments notoires.

Le rapprochement normal des sexes, acte favorable à la reproduction de la Vie, doit être considéré avec bienveillance.

Droit

Le Droit doit être la base de l'édifice social.

Des dispositions générales indiquant les droits et les devoirs sociaux doivent constituer le Droit.

Tout être humain doit avoir les droits suivants :

I. Le droit de boire, de manger, de dor

mir et de se prémunir contre les maladies ; qu'il soit pauvre ou riche.

2. Le droit d'exiger que les petits enfants malheureux soient mis à l'abri de la misère et des mauvais traitements.

3. Le droit de satisfaire au désir de fornication — par libre consentement d'autrui — à partir du moment où se révèlent les indices probants de la puberté.

4. Le droit de s'instruire.

5. Le droit d'agir librement; à partir de l'âge de quinze ans.

6. Le droit d'utiliser l'intelligence, le travail et le charme pour se créer des ressources.

7. Le droit d'acheter, de vendre, de tester, d'hériter, d'accepter des legs, de donner, de bénéficier de dons, de s'associer, de conclure des conventions et de résilier des engagements, à la suite d'ententes.

8. Le droit de satisfaire ses passions ; pourvu qu'elles ne provoquent pas des actes de brutalité, des désordres ou des désagréments notoires.

9. Le droit de parler, d'écrire ou de dessiner librement.

10. Le droit de contribuer, en toutes circonstances, à la manifestation de la vérité.

11. Le droit de protester contre les abus et les iniquités.

12. Le droit de se faire rendre justice.

13. Le droit de prendre part aux consultations politiques; à partir de l'âge de vingt-cinq ans.

14. Le droit de remplir des fonctions publiques.

Tout être humain doit être tenu de prendre en considération les devoirs suivants :

1. Le devoir de s'instruire.

2. Le devoir de se procurer des ressources.

3. Le devoir de payer à la Société des impôts proportionnés à ses moyens.

4. Le devoir de contribuer militairement à la défense des intérêts de la Société; à partir de l'âge de vingt ans.

5. Le devoir de ne pas trahir ou frauder.

6. Le devoir de tenir ses engagements.

7. Le devoir d'éviter de satisfaire ses désirs de fornication au contact d'êtres n'ayant pas atteint la puberté.

8. Le devoir de respecter la vie humaine et la propriété.

9. Le devoir de s'abstenir de commettre des actes de brutalité, de provoquer des désordre ou des désagréments notoires.

10. Le devoir de ne pas insulter ou calomnier ses semblables.

11. Le devoir de réparer tous dommages causés à autrui.

12. Le devoir de tolérer l'expression de toutes les opinions.   ,

13. Le devoir de ne porter, arbitrairement, aucune atteinte à la liberté d'autrui.

14. Le devoir de respecter les lois.

Les droits et les devoirs sociaux de l'homme et de la femme doivent être égaux civilement et politiquement.

En raison de ses fonctions naturelles, beaucoup plus lourdes de responsabilités que celles de l'homme, la femme doit jouir de quatre privilèges :

1. Le privilège d'être seule investie d'autorité sur les enfants qu'elle a mis au monde.

2. Le privilège de donner son nom à ses enfants.

3. Le privilège d'être reconnue majeure avant l'âge de quinze ans, si elle est mère.

4. Le privilège d'être dispensée de toute obligation militaire dès qu'elle est fécondée.

A l'effet de subvenir très largement aux multiples obligations et charges lui incombant, la Société — en tant que collectivité — doit avoir le droit suprême de monopoliser les sources de richesse susceptibles de lui assurer les subsides nécessaires à l'accomplissement de son objet qui est de garantir à tous ses Membres les moyens de vivre paisiblement.

Législation

La Législation doit préciser, conformément aux principes du Droit, les conditions d'administration de la Société.

Les lois ne doivent pas être des instruments d'entrave et d'oppression; mais, simplement des règlements succincts; aussi libéraux que possible.

La Législation doit servir de guide à toutes les autres institutions sociales.

Gouvernement

Le Gouvernement doit agir en vertu des lois et diriger la Société au mieux des intérêts de celle-ci.

Dans l'exécution de sa haute mission le Gouvernement doit répudier toujours les moyens qui caractérisent le Mal — l'Egoïsme; la Fausseté; la Violence; la Cruauté — et s'inspirer invariablement des éléments es-

sentiels du Bien — la Générosité; la Sincérité; la Modération; la Douceur.

La forme du Gouvernement importe peu.

Armée

L'Armée doit être l'armature de la Société
et le principal moyen d'action de son Gouvernement.

La Mission de l'Armée doit viser trois objets, savoir :

1. Assurer l'ordre au sein de la Société.

2. Défendre la Société si elle est attaquée.

3. Contribuer à l'établissement et au main-
tien de la paix universelle.

L'armée doit comprendre tous les membres valides des Sociétés indépendantes.

A partir de l'âge de vingt ans, tout homme ou femme, normalement constitué, doit
être tenu de participer à la composition de

l'armée. Les hommes en qualité de combat-
tants et les femmes en qualité d'auxiliaires
affectées aux bureaux, magasins ou hôpitaux,
sauf en cas de maternité.

L'Armée ne doit jamais être composée
d'une seule catégorie sociale.

Justice

Les lois régissant la Justice doivent lui attribuer la mission de récompenser ou punir
les Membres de la Société, suivant leurs
bonnes ou mauvaises actions.

A ceux qui ont accompli des actes loua-
bles, la Justice doit octroyer des félicitations,
des prix, des distinctions honorifiques.

A ceux qui ont commis des actes répré-
hensibles la Justice doit appliquer des châti-
ments.

En matière de crimes ou délits, les peines
prévues par les lois doivent être, autant que
possible, l'équivalent du méfait commis.

Sauf en cas de légitime défense, d'aliéna-
tion mentale, d'imprudence ou d'ordres dic-

tés par les autorités militaires ou judiciaires,
l'être humain qui tue son semblable doit
être tué.

Le fait de tuer son semblable par passion,
haine, colère ou jalousie ne doit constituer,
en aucun cas, une circonstance atténuante.

L'homme qui se rend coupable de coups
et blessures, ou de tout autre acte de brutalité, doit subir une peine physiquement
douloureuse.

Le voleur doit être obligé de restituer ce
qu'il a volé ou être condamné à travailler
dans une colonie pénitentiaire jusqu'à in-
demnisation complète de sa victime.

La séquestration doit être punie de l'emprisonnement en cellule.

L'insulte et la calomnie doivent être pu-
nies d'emprisonnement avec affichage.

Seuls les crimes et délits ne pouvant pas
être châtiés par équivalence doivent entraî-
ner l'emprisonnement simple, plus ou moins
prolongé, suivant leur importance.

Le duel doit, suivant ses résultats, entraî-
ner les peines réservées aux actes de brutalité et aux meurtres.

Le fait de proclamer une vérité ne doit pas
être condamnable.

Aucune punition ne doit être infligée à
l'homme où à la femme ayant satisfait le désir de fornication au contact d'un être âgé de
moins de quinze ans, si ce dernier — étant
pubère — a recherché ces relations.

La Luxure, le Jeu et la Gourmandise ne
doivent pas donner lieu à des poursuites si
ces passions ne sont cause d'aucun acte de
brutalité, d'aucun désordre ou désagrément
notoire.

Les méfaits commis contre les intérêts col-
lectifs de la Société ne doivent pas être pu-
nis plus rigoureusement que ceux ayant
porté atteinte à des intérêts particuliers.

La Justice ne doit pas confondre des malades avec les malfaiteurs sains d'esprit.

Aucun délinquant ne doit être déféré aux
tribunaux avant d'avoir été examiné par une

commission, composée de médecins aliénis-
tes, ayant pour objet d'éclairer la Justice sur
le degré de responsabilité de l'accusé.

Tout individu comparaissant en Justice ne
doit jamais être condamné en vertu de sup-
positions et de convictions plus ou moins
fondées ; mais seulement sur des preuves
certaines.

La preuve doit toujours être admise en
justice.

Aucun reproche ne doit être adressé par
la Justice aux accusés, relativement à des
délits antérieurement jugés.

L'être humain, qui ayant commis une
faute, a payé sa dette à la Société, ne doit
pas être molesté pour cette même faute
après accomplissement de sa peine.

Aucun Casier Judiciaire ne doit exister.

En matière d'affaires civiles, les lois doivent limiter l'action de la Justice à l'ordon-
nance de règlements de comptes et au paye-
ment d'indemnités ou d'amendes.

La Justice, égale pour tous, doit être rapide et gratuite. Chacun doit pouvoir s'adresser à elle directement. La liberté d'employer ou de se dispenser d'intermédiaires auprès d'elle doit être absolue.

Les lois doivent accorder aux magistrats, chargés de rendre la Justice, des émoluments supérieurs à ceux de tous les autres serviteurs de la Société.

Police

La Police doit assurer la sécurité des Membres de la Société.

Les agents de la Police doivent être nombreux et capables. Ils doivent rechercher et capturer les malfaiteurs, surveiller les voies publiques et n'y tolérer aucune irrégularité. Ils doivent accorder aide et protection aux victimes de crimes ou accidents et faire hospitaliser les miséreux ainsi que les gens atteints de maladies contagieuses ou dangereuses. Mais, ils ne doivent pas s'occuper de mœurs; chacun devant être libre d'avoir les mœurs qui lui plaisent tant que celles-ci ne

causent aucun acte de brutalité, aucun désordre ou désagrément notoire.

Administration

Les lois réglant le mécanisme des adminis-
trations publiques doivent être de nature à
rendre celles-ci extrêmement souples.

Les formalités administratives doivent
être brêves et expéditives.

Les fonctionnaires chargés des services administratifs doivent faciliter les rapports des
Membres de la Société avec l'Administration.

Assistance

Une large assistance doit être garantie par
les lois à tout être humain dénué de ressources.

La Société doit mettre gratuitement à la
disposition de tous ses Membres nécessiteux :

1. Des hôpitaux pour les malades.

2. Des asiles pour les aliénés.

3. Des hospices pour les vieillards et les infirmes.

4. Des refuges pour les femmes fécondées.

5. Des pensions maternelles pour les petits enfants malheureux.

6. Des pensions pour les étudiants méritoires dépourvus de ressources.

7. Des refuges pour mettre à l'abri de la misère les adultes valides, momentanément privés de moyens d'existence.

8. Des cliniques et dispensaires où tout indigent puisse obtenir des consultations médicales, des médicaments, des aliments, des vêtements.

9. Des bains publics.

La femme fécondée, se trouvant privée de ressources doit être aidée pendant sa grossesse, sa délivrance et le temps nécessaire à son rétablissement normal.

Les enfants nés d'une mère sans ressources suffisantes, pour les nourrir et les élever, doivent être recueillis sans que ces enfants soient privés du nom de leur mère et de la satisfaction de la revoir.

Enseignement

Les lois doivent prévoir trois catégories d'enseignement; savoir :

1. L'Instruction Elémentaire.

2. L'Instruction Complémentaire.

3. L'Instruction Spéciale.

L'Instruction Elémentaire — obligatoire pour tous de l'âge de cinq à quinze ans — doit enseigner à lire, à bien parler, à écrire, à dessiner, à compter, à connaître sommairement l'Histoire Universelle, la Géographie, et les premières notions théoriques et pratiques d'un métier manuel.

Dès leur plus jeune âge les élèves des écoles d'Instruction Elémentaire doivent être encouragés à pratiquer les diverses formes du Bien — la Générosité; la Sincérité; la Modération; la Douceur — et dissuadés d'agir suivant les inspirations du Mal — l'Egoïsme; la Fausseté, la Violence; la Cruauté.

Avant de quitter les écoles d'Instruction Elémentaire, les élèves doivent être renseignés sur leurs droits et devoirs sociaux, les principales règles de l'hygiène, l'action iné-

vitable des sens, les conséquences naturelles
du rapprochement des sexes, les moyens de
les favoriser ou de les éviter, et mis en garde
contre les pièges qui pourraient leur être ten-
dus dans l'avenir; afin qu'ils soient en état
d'agir librement, en parfaite connaissance de
la portée de leurs actes, dès l'âge de quinze
ans.

L'Instruction Complémentiare — facultative pour chacun — de l'âge de quinze à
vingt ans — doit avoir un programme scien-
tifique, artistique et littéraire de nature à
donner à l'élève des connaissances générales sur toutes les branches du savoir humain
et lui faciliter le choix d'une profession d'ordre supérieur.

L'Instruction Spéciale — facultative pour
chacun — à partir de l'âge de vingt ans —
doit fournir l'enseignement complet nécessaire à chaque profession.

Les écoles en général doivent être sises
loin de villes. Installées avec toute la perfec-
tion désirable, relativement aux cours d'enseignement, elles doivent posséder en outre,
des bains et des lieux de récréation appro-
priés aux exercices musculaires.

L'enseignement doit être onéreux pour les élèves ayant une fortune personnelle ou dont la mère est dans une situation aisée, et gratuit pour ceux dont la mère est dénuée de ressources suffisantes.

L'instruction doit être concise, efficace et productrice, de telle sorte qu'elle soit utilisable pratiquement en présence des réalités de la vie.

L'école ne doit pas chercher à former des érudits, mais des hommes et des femmes d'action. Le soin d'acquérir de l'érudition doit être laissé à l'initiative privée de chacun; hors l'école.

Aucun enseignement de nature à égarer l'intelligence humaine par des croyances, des superstitions ou des fables ne doit être admis dans les écoles comme étant l'expression de la vérité.

Mariage

Le mariage ou accord entre l'homme et la femme, pour vivre ensemble, doit être légalement un engagement prévoyant les conséquences probables de cette union.

Afin de donner aux époux des garanties, le mariage doit être l'objet d'un contrat écrit; mais, ce contrat doit pouvoir toujours être résiliable avec ou sans dédit.

Quelques conditions invariables doivent donner au mariage un caractère particulier :

1. Il doit constituer par lui-même un serment d'amour et une promesse de fidélité.

2. Il doit attribuer à la femme la direction du foyer conjugal et à l'homme la protection de ce foyer.

Tout être humain doit pouvoir se marier sans demander d'autorisation à qui que ce soit.

Famille

La famille doit être légalement composée de la Mère, de ses enfants, de leurs ascendants ou descendants et des frères et sœurs de ceux-ci.

Au sein de la famille toute mère doit pratiquer et conseiller les diverses formes du Bien, — la Générosité; la Sincérité; la Modération; la Douceur — sans jamais admettre ou employer les procédés caractérisant le

Mal — l'Egoïsme; la Fausseté; la Violence; la Cruauté.

Les lois doivent exiger que toute mère soit l'objet des plus grands égards.

Tout enfant, qu'il soit le fruit d'un mariage ou de relations sexuelles quelconques doit porter uniquement le nom de sa mère.

Les enfants, qu'ils soient issus du mariage ou de relations libres doivent tous jouir des mêmes droits et considérations et être désignés légalement par un seul terme applicable à tous.

Toute mère ayant des moyens doit subvenir aux premiers besoins de ses enfants et les aider à se créer une situation; en retour, ses enfants doivent la secourir en cas de malheur et mettre sa vieillesse à l'abri du besoin.

Propriété

Les lois doivent assurer à la Propriété les garanties les plus étendues.

L'habitation personnelle, les objets et espèces s'y trouvant — propriété d'un Membre

de la Société — ne doivent pas être saisissables; excepté pour ce qui est relatif à la
perception des impôts. Mais, doivent pouvoir être saisissables toutes autres valeurs
mobilières ou immobilières.

Tout être humain doit pouvoir acquérir des
biens et joindre à une grande aisance le con-
fort, l'élégance et le luxe. Mais, il ne doit
pas être permis à un seul individu d'accapa-
rer d'immenses richesses sans profit appré-
ciable pour ses semblables.

Le morcellement de la propriété indivi-
duelle doit être facilité.

L'être humain doit pouvoir disposer librement de ce qui lui appartient.

Les libéralités des prodigues ne doivent
pas être entravées.

Tout être humain doit pouvoir laisser ce
qu'il possède à qui bon lui semble, par déci-
sion testamentaire.

En cas d'intestat, les biens de tout être humain doivent revenir aux ayant-droit de sa
famille et s'il n'a pas de famille à la Société.

Argent

L'Argent représentant la valeur de tout ce que les êtres humains peuvent désirer, les lois doivent favoriser sa circulation intense.

La circulation de l'argent doit être provoquée, aidée et favorisée par tous les moyens possibles.

La thésaurisation ne doit pas être encouragée.

En ce qui concerne la BEAUTÉ, le Logicisme soutient les conclusions logiques ci-dessous exposées :

BEAUTÉ

Idéal

La Société ne doit pas être une arène de combat où se livre férocement une lutte per-

pétuelle pour la vie ; mais plutôt une cité
charmante où l'être humain, après avoir tra-
vaillé quelques heures quotidiennement,
puisse se récréer et jouir paisiblement des
sensations délicates que procurent l'Amour,
l'Art et la Littérature; sous leurs multiples
aspects.

Relations Sociales

L'être humain ne peut pas vivre heureux,
s'il n'est pas sympathique à ses semblables.

Plaire à ses semblabes moralement et
physiquement doit être une des principales
préoccupations de l'homme digne de vivre
en société.

Culture Morale

Pour plaire à ses semblables moralement,
l'être humain doit avoir de la Bienveillance,
de la Droiture et de la Délicatesse ; qualités

qu'il ne saurait atteindre sans se conformer aux prescriptions suivantes :

Résister aux inspirations du Mal — l'Egoïsme; la Fausseté; la Violence; la Cruauté.

Obéir aux inspirations du Bien — la Générosité; la Sincérité; la Modération; la Douceur.

Travailler consciencieusement.

Employer son intelligence à des œuvres aussi utiles à ses semblables qu'à soi-même.

Ne pas abuser du prestige que donne le charme.

Etre indulgent aux passions d'autrui.

Compatir à la souffrance de tout être vivant.

Rendre hommage aux nobles manifestations de l'Amour, de l'Art et de la Littérature.

Pratiquer la Politesse, l'Amabilité et la Complaisance.

Se garder de commettre des vilenies, des abus, des crapuleries, des canailleries, des perfidies, des crasses, des goujateries et des cuistreries.

Mépriser l'Envie, la Méchanceté, l'Orgueil et la Cupidité.

Culture Physique

Pour plaire à ses semblables physiquement, l'être humain doit jouir d'une bonne santé, être d'une grande propreté et avoir quelque élégance; qualités qu'il ne saurait obtenir sans se conformer à certaines prescriptions; savoir :

Ne pas consacrer, chaque jour, moins de huit heures au sommeil, plus de huit heures au travail et plus de huit heures aux plaisirs de la table, des sens et de l'esprit.

Se reposer au moins une fois par semaine durant toute une journée.

Se baigner tous les jours et se purger souvent.

Apporter une très grande attention à sa toilette intime.

S'adonner fréquemment aux sports.

Goûter avec prudence aux vives sensations que procurent la Luxure, le Jeu et la Gourmandise.

Se nourrir sobrement.

Arroser ses repas de saines boissons.

Eviter d'absorber des liqueurs fortes.

Observer journellement l'état de ses organes.

Forniquer normalement.

Se vêtir décemment.

Culte Religieux

Afin d'inculquer aux êtres humains le sens de l'esthétique, tant au point de vue moral que physique, sens dont ils ne sauraient se passer pour vivre heureux en société ; le Culte Religieux doit être pratiqué avec le plus grand luxe possible. Il doit emprunter aux traditions symboliques des images pour ses rites, ses cérémonies et ses fêtes. Il doit

demander aux Arts et aux Lettres l'expression de son idéal. Il doit enfin conférer à la
Femme, source d'Amour, le soin d'exercer
son Sacerdoce.

ORGANISATION

Pour propager leur doctrine et pratiquer le culte de la Logique, les adeptes du Logicisme sont appelés à s'organiser comme suit :

Groupés en association, les Logiciens et Logiciennes seront, suivant leurs âges, aptitudes et capacités, divisés en trois catégories, savoir :

1. Les Logiciens Eminents et Logiciennes Eminentes.

2. Les Logiciens Militants et Logiciennes Militantes.

3. Les Logiciens et Logiciennes Novices.

Ces différents grades seront conférés après examens.

Tous les Logiciens devront promettre formellement, de respecter les principes du Logicisme, de propager ses enseignements et de ne jamais donner leur appui ou leurs votes à des gouvernants ou candidats aux fonctions publiques n'admettant pas intégralement la doctrine logique.

L'expansion de la nouvelle religion devra être assurée par un Souverain Collège représentant l'universalité des Logiciens.

Ce Souverain Collège devra être composé de soixante-sept Membres choisis parmi les Logiciens Eminents et Logiciennes Eminentes.

Un Comité Suprême formé de sept Membres, et quatre Conseils, de quinze Membres chacun, seront constitués avec les éléments du Souverain Collège.

Le Comité Suprême aura tous pouvoirs pour décider et ordonner les dispositions nécessaires à l'action efficace du Logicisme et sera présidé par un de ses Membres qui aura droit au titre unique de « Logicien Eminentissime ».

Les divers Conseils seront chargés d'étudier les questions financières, artistiques, judiciaires et de propagande se rattachant au développement du Logicisme.

Par les soins du Comité Suprême, des temples seront élevés et consacrés au Culte de la Logique, à la diffusion des préceptes du Logicisme et à la dispense de secours moraux et matériels.

En souvenir de l'œuvre démonstrative d'Aristote concernant la Logique — œuvre conçue sous le ciel de l'Hellade — la décoration des Temples du Logicisme sera de style Grec.

La Logique sera représentée dans les temples, par une image allégorique, sculptée.

Chaque temple sera administré par un Comité de Direction dûment investi par le Comité Suprême.

Les temples seront desservis par des Logiciens et des Logiciennes.

Aux Logiciens Eminents et Logiciennes Eminentes seront confiées les fonctions éducatrices et administratives. Aux Logiciens Militants et Logiciennes Militantes reviendra la charge de garder les temples et d'assurer le fonctionnement de leurs divers services. Aux Logiciens et Logiciennes Novices sera attribué le soin de rehausser par le charme de leur jeunesse la partie artistique des cérémonies.

L'Office Cultuel des Temples consistera en un Acte de Vénération de la Logique, une conférence faite par un Logicien Eminent ou une Logicienne Eminente, sur un point de la doctrine du Logicisme et une apothéose finale, en musique, agrémentée d'une partie chorale et chorégraphique.

Les cérémonies rituelles les plus importantes seront celles ayant pour objet l'ordination des Logiciens et des Logiciennes, savoir :

1. La Consécration des Logiciens Eminents et des Logiciennes Eminentes.

2. L'Investiture des Logiciens Militants et des Logiciennes Militantes.

3. La Réception des Logiciens ou Logiciennes Novices.

Les services des temples comprendront en particulier : des cours d'enseignement religieux concernant la doctrine du Logicisme, la préparation aux grades et aux fonctions, des causeries sur les moyens pratiques de vivre heureux et la dispense de secours relatifs aux phénomènes que doivent subir, sans exception, tous les êtres humains normalement constitués : la Naissance; la Puberté; l'Amour; la Maladie et la Mort.

Des fêtes symboliques et des cérémonies concernant la Naissance, le Mariage et la Mort auront lieu dans les temples.

Les Prêtresses du Logicisme seront choisies par voie de concours parmi les Logiciennes de toutes les catégories, possédant une beauté remarquable, une intelligence supérieure et une diction impeccable. Elles pourront exercer les fonctions sacerdotales de vingt-cinq à trente-cinq ans.

·Les aides des Prêtresses seront choisis parmi les Logiciens et Logiciennes Novices les plus jeunes; à la seule condition qu'ils soient d'une grande beauté.

Aucune limite d'âge ne sera fixée aux Logiciens Eminents et aux Logiciennes Eminentes pour exercer des fonctions au sein des Comités de Direction des temples.

Les Logiciens Militants et les Logiciennes Militantes, chargés de la garde des temples, de la progagande et des services de secours, devront avoir de trente à quarante ans.

Les Logiciens et les Logiciennes Novices appelés à prendre part à la partie artistique des cérémonies des temples devront être des jeunes gens des deux sexes ayant des aptitudes pour la musique, le chant ou la danse.

Les cérémonies et fêtes des Temples du Logicisme devront toujours avoir le caractère de véritables manifestations artistiques et les Logiciens et Logiciennes devant y prendre part endosseront en ces circonstances des vêtements d'apparat évoquant ceux qu'il était coutume de porter dans la Grèce antique à l'occasion des grandes solennités.

Enfin, pour qu'ils soient à même de parler et d'agir librement, sans crainte d'être individuellement pris à partie par des imbéciles, les adeptes du Logicisme, appelés à prendre part aux cérémonies des temples, devront s'y présenter masqués ; tant que le Comité Suprême le jugera utile.

RÉSUMÉ

RÉSUMÉ

—

En somme, le Logicisme est la seule formule
religieuse pouvant s'harmoniser complètement
avec l'incrédulité et les aspirations de l'humanité actuelle.

Les critiques formulées contre le Logicisme,
sa doctrine, son organisation, ses rites, ses cérémonies et ses fêtes, ne changeront rien à ce
fait que le Culte de la Logique peut seul permettre à l'être humain, émancipé moralement,
de poursuivre l'amélioration matérielle de son
sort, sans risquer de devenir la proie d'escla-
vagistes.

D'ailleurs, les attaques dirigées contre le Logicisme seront parfaitement injustifiées, étant
donné : que sa doctrine, est appelée à dissiper
le malentendu social, que son organisation sera
irréprochable, que ses rites n'auront rien d'ex-
travagant, et qu'en définitive la conception religieuse dont il s'agit correspondra dans son
ensemble, à l'idéal des temps présents.

En effet :

Tandis que l'idéal d'autrefois était de plaire à Dieu par l'abstinence, la prière et la chasteté, afin de jouir des délices du Paradis dans « la Vie Eternelle », on peut certifier que l'idéal d'aujourd'hui est de pouvoir vivre le mieux possible ici-bas, sous l'égide de la Logique, dans une atmosphère de Vérité, d'Equité et de Beauté, sans s'inquiéter de Dieu ; et, s'il a été admissible de voir dans le Passé, l'homme se prosterner avec sincérité devant l'autel de la divinité et solliciter naïvement son aide chimérique, combien sera-t-il plus naturel de voir dans l'Avenir, l'homme policé, instruit et incrédule vénérer conventionnellement dans une forme aimable, la Logique qui lui a conféré réellement le pouvoir d'analyser, d'améliorer et d'embellir la Vie.

Imprimerie F. CHANTENAY

15, RUE DE L'ABBÉ-GRÉGOIRE — PARIS (VIᵉ)

www.ingramcontent.com/pod-product-compliance
Lightning Source LLC
LaVergne TN
LVHW022129080426
835511LV00007B/1088